Impressum
Verlag: BABADADA GmbH, Nedderfeld 112 , 22529 Hamburg
Geschäftsführer / Verlagsleitung: Harald Hof
Druck: Books on Demand GmbH, In de Tarpen 42, 22848 Norderstedt

Imprint
Publisher: BABADADA GmbH, Nedderfeld 112 , 22529 Hamburg, Germany
Managing Director / Publishing direction: Harald Hof
Print: Books on Demand GmbH, In de Tarpen 42, 22848 Norderstedt

училище

school

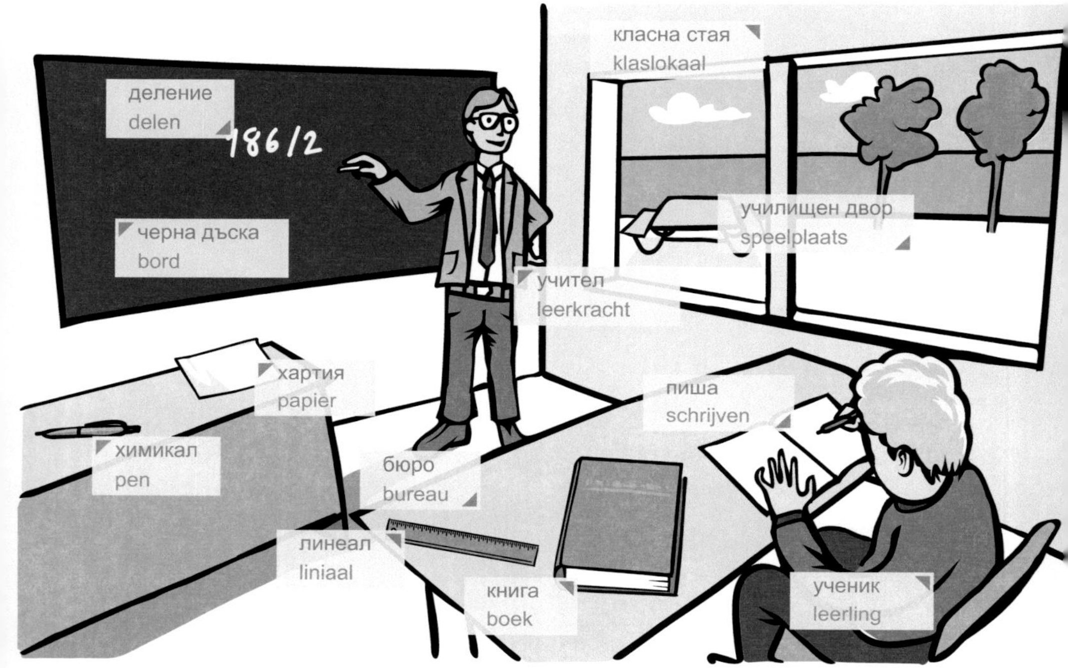
класна стая
klaslokaal
деление
delen
186/2
черна дъска
bord
училищен двор
speelplaats
учител
leerkracht
хартия
papier
пиша
schrijven
химикал
pen
бюро
bureau
линеал
liniaal
книга
boek
ученик
leerling

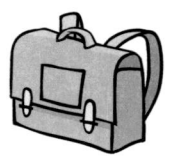

ученическа раница

schooltas

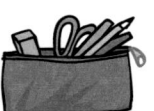

ученически несесер

pennenzak

молив

potlood

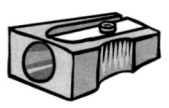

острилка за моливи

puntenslijper

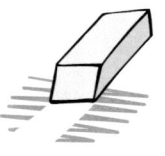

гума

gom

блок за рисуване

tekenblok

рисунка

tekening

четка

verfborstel

акварелни бои

verfdoos

ножица

schaar

лепило

lijm

тетрадка за упражнения

werkboek

домашна работа

huiswerk

число

nummer

събиране

optellen

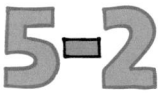

изваждане

aftrekken

умножение

vermenigvuldigen

смятане

rekenen

буква

letter

азбука

alfabet

дума

woord

текст

tekst

чета

Lezen

тебешир

krijt

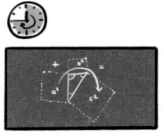

час

les

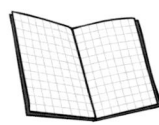

дневник на класа

klassenboek

изпит

examen

свидетелство

certificaat

ученическа униформа

schooluniform

образование

onderwijs

справочник

encyclopedie

университет

universiteit

микроскоп

microscoop

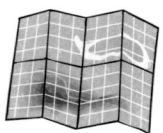

карта

kaart

кошче за хартиени
отпадъци

papiermand

пътуване

reis

хотел
hotel
Grand
хостел
jeugdherberg
ROOMS
EXCHANGE
обменно бюро
wisselkantoor
куфар
koffer
кола
auto

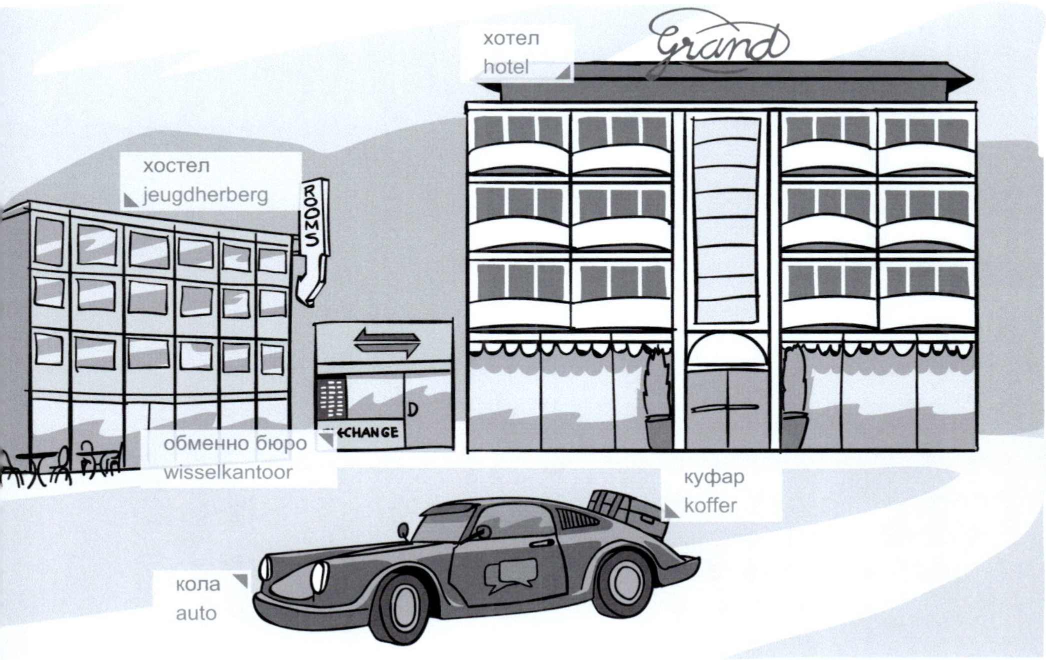

език

Taal

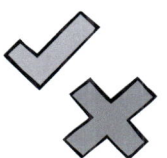

да / не

ja / nee

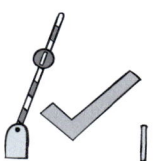

Окей

oké

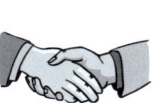

здравей

hallo

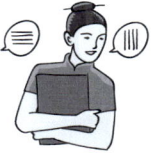

преводач

vertaler

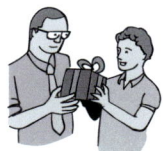

Благодаря

bedankt

Колко струва…?

Hoeveel kost …?

Не разбирам

Ik begrijp het niet

проблем

probleem

Добър вечер!

Goedenavond!

Добро утро!

Goedemorgen!

Лека нощ!

Goedenavond!

довиждане

Tot ziens

посока

richting

багаж

bagage

пътна чанта

zak

раница

rugzak

посетител

gast

стая

kamer

спален чувал

slaapzak

палатка

tent

туристическа информация
toeristeninformatie

плаж
strand

кредитна карта
kredietkaart

закуска
ontbijt

обед
lunch

вечеря
avondeten

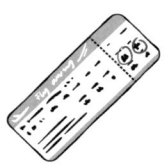

билет
ticket

асансьор
lift

пощенска марка
postzegel

граница
grens

митница
douane

посолство
ambassade

виза
visum

паспорт
paspoort

транспорт

transport

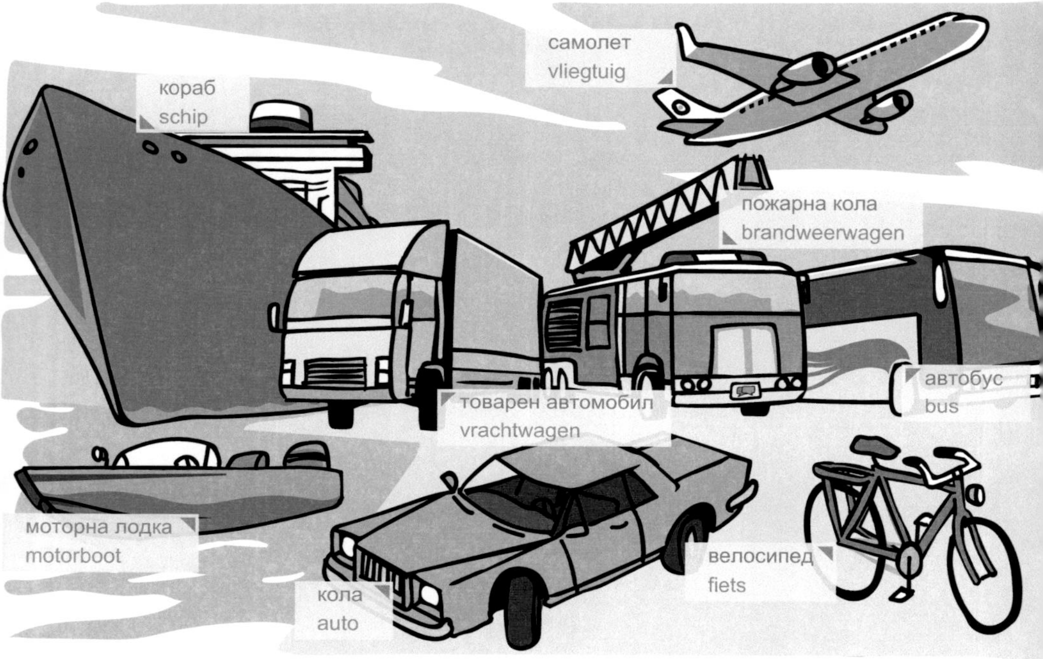

самолет
vliegtuig
кораб
schip
пожарна кола
brandweerwagen
автобус
bus
товарен автомобил
vrachtwagen
моторна лодка
motorboot
велосипед
fiets
кола
auto

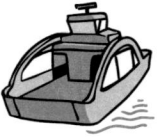

фериботveerboot

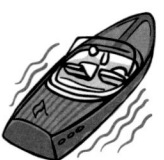

лодка

boot

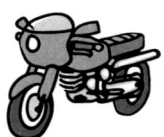

мотоциклет

motor

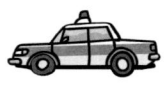

полицейска кола

politiewagen

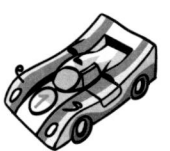

състезателна кола

racewagen

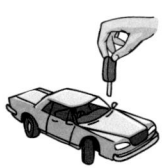

кола под наем

huurauto

каршеринг

carpoolen

автомобил от "Пътна помощ"

sleepwagen

сметовоз

vuilniswagen

двигател

motor

бензин

benzine

бензиностанция

benzinestation

пътен знак

verkeersbord

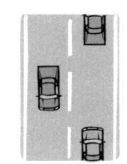

улично движение

verkeer

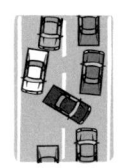

задръстване

file

паркинг

parkeerplaats

гара

station

релси

sporen

влак

trein

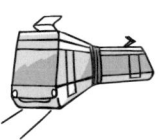

трамвай

tram

вагон

wagon

хеликоптер

helikopter

аерогара

luchthaven

кула

toren

пасажер

passagier

контейнер

container

кашон

karton

ръчна количка

kar

кошница

mand

излитам / приземявам се

opstijgen / landen

град

stad

село

dorp

градски център

stadscentrum

къща

huis

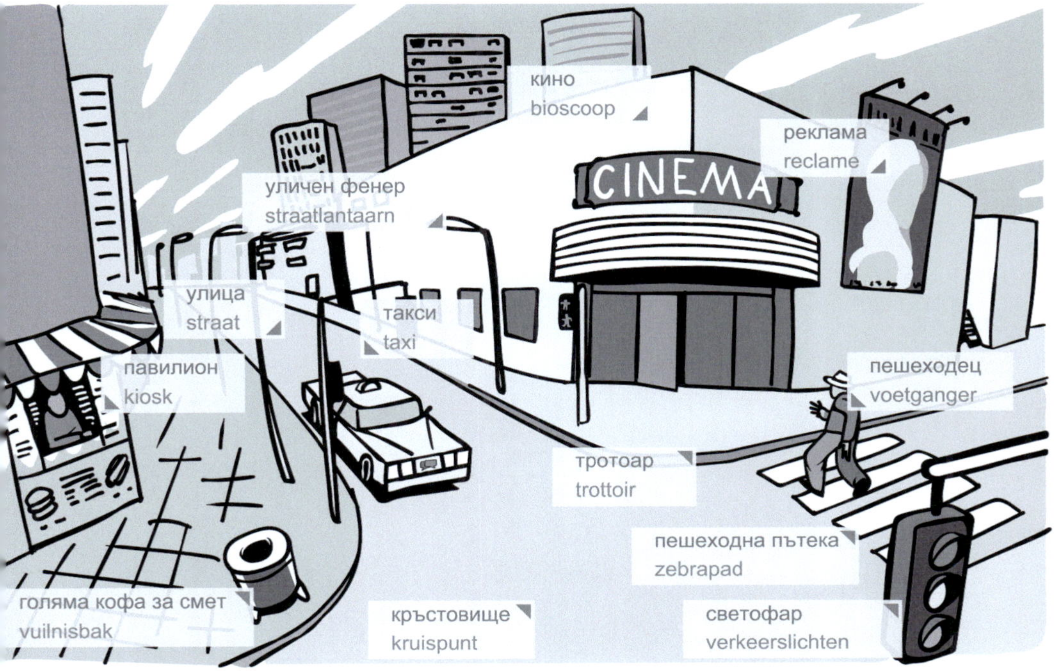

кино
bioscoop

реклама
reclame

уличен фенер
straatlantaarn

CINEMA

улица
straat

такси
taxi

пешеходец
voetganger

павилион
kiosk

тротоар
trottoir

пешеходна пътека
zebrapad

голяма кофа за смет
vuilnisbak

кръстовище
kruispunt

светофар
verkeerslichten

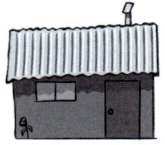

хижа

hut

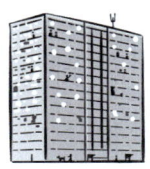

жилище

woning

гара

station

кметство

stadshuis

музей

museum

училище

school

университет

universiteit

банка

bank

болница

ziekenhuis

хотел

hotel

аптека

apotheek

офис

kantoor

книжарница

boekwinkel

магазин за цветя

winkel

магазин за цветя

bloemenwinkel

супермаркет

supermarkt

пазар

markt

универсален магазин

warenhuis

търговец на риба

vishandelaar

търговски център

winkelcentrum

пристанище

haven

парк

park

пейка

bank

мост

brug

стълба

trap

метро

metro

тунел

tunnel

автобусна спирка

bushalte

бар

bar

ресторант

restaurant

пощенска кутия

brievenbus

улична табелка

straatnaambord

часовник за паркинг
престой

parkeermeter

зоологическа градина

zoo

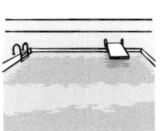

плувен басейн

zwembad

джамия

moskee

селски двор

boerderij

замърсяване на околната
среда

milieuverontreiniging

гробище

kerkhof

църква

kerk

детска площадка

speelplaats

храм

tempel

пейзаж
landschap

листо
blad

пътепоказател
wegwijzer

път
weg

ливада
weide

камък
steen

пътешественик
wandelaar

дърво
boom

река
rivier

трева
gras

цвете
bloem

долина
vallei

планина
heuvel

море
meer

гора
bos

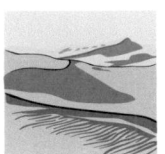

пустиня
woestijn

вулкан
vulkaan

замък
kasteel

дъга
regenboog

гъба
paddenstoel

палма
palmboom

комар
mug

муха
vlieg

мравка
mier

пчела
bijl

паяк
spin

бръмбар

kever

жаба

kikker

катеричка

eekhoorn

таралеж

egel

заек

haas

кукумявка

uil

птица

vogel

лебед

zwaan

диво прасе

wild zwijn

елен

hert

лос

eland

бент

dam

вятърна турбина

windturbine

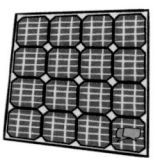

соларен модул

zonnepaneel

климат

klimaat

ресторант
restaurant

келнер
ober
меню
menu
стол
stoel
супа
soep
пица
pizza
прибори за хранене
bestek
покривка за маса
tafelkleed

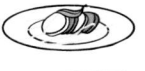

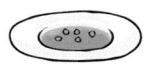

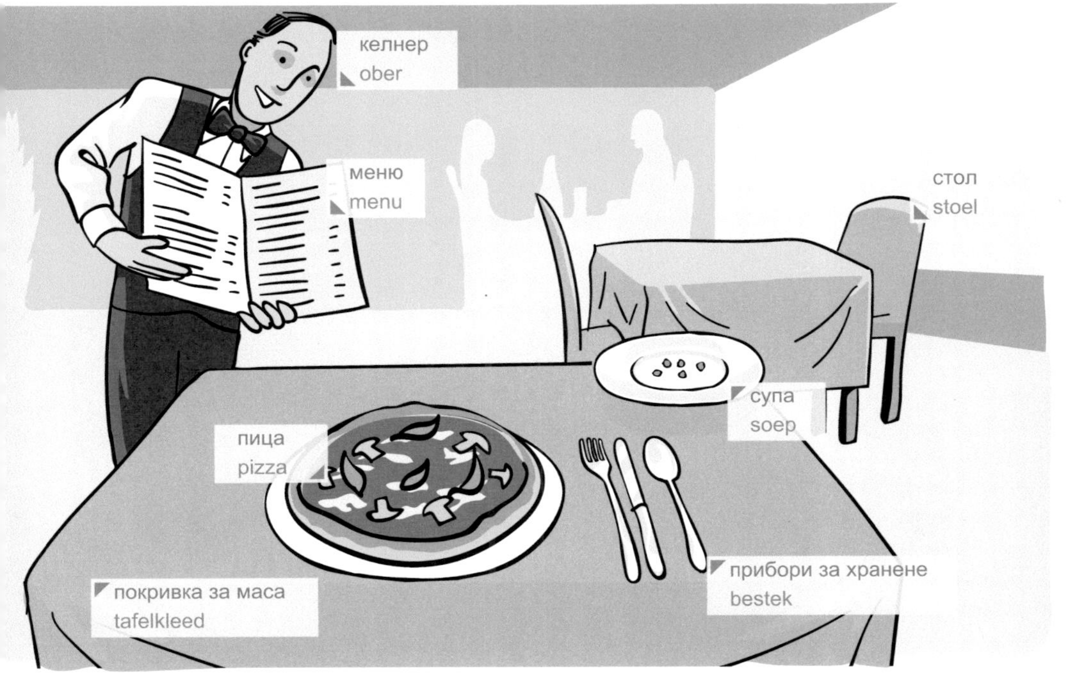

предястие

voorgerecht

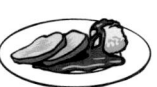

основно ястие

hoofdgerecht

десерт

nagerecht

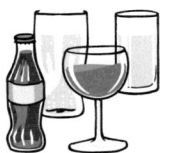

напитки

drankjes

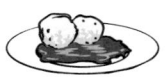

ядене

eten

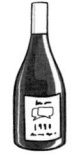

бутилка

fles

бързо хранене

fastfood

улична храна

street food

кана за чай

theepot

кутия за захар

suikerpot

порция

portie

еспресо машина

espressomachine

висок детски стол

kinderstoel

сметка

rekening

табла

dienblad

ножица за нокти

mes

вилица

vork

лъжица

lepel

чаена лъжичка

theelepel

салфетка

serviette

стъклена чаша

glas

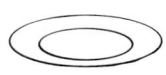

чиния

bord

чиния за супа

soepbord

чинийка

schoteltje

сос

saus

солница

zoutvatje

мелничка за черен пипер

pepermolen

оцет

azijn

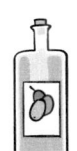

олио

olie

подправки

kruiden

кетчуп

ketchup

горчица

mosterd

майонеза

mayonaise

супермаркет
supermarkt

оферта
aanbieding
FOR
клиент
klant
млечни продукти
zuivelproducten
плодове
fruit
количка за покупки
winkelwagen

BUTCHERS

кланица

slagerij

BAKERY

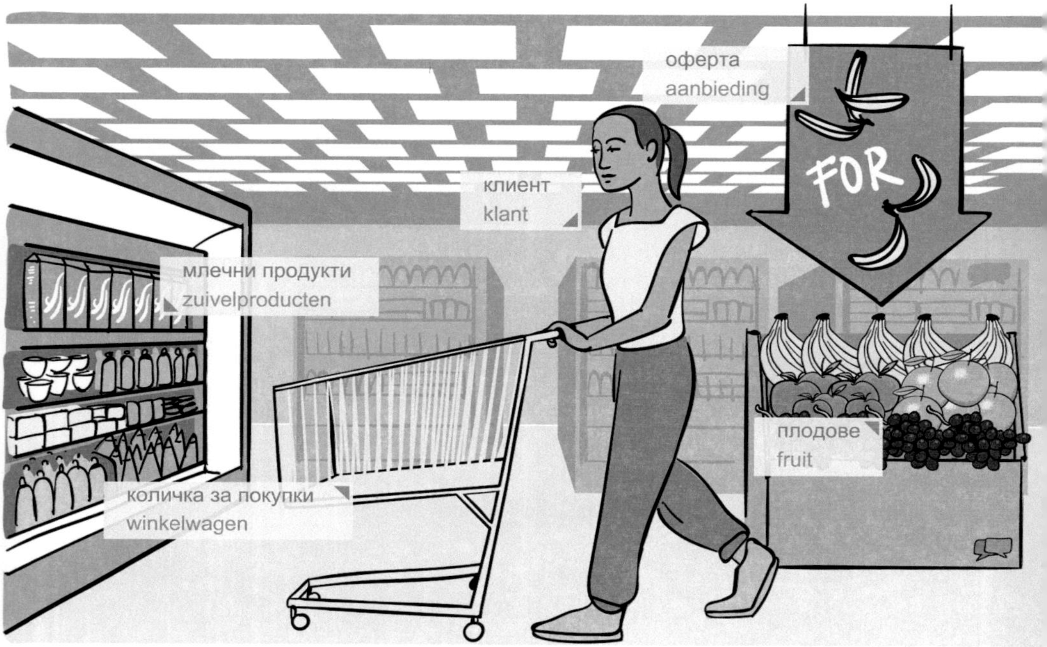

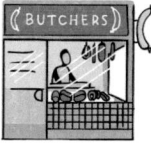

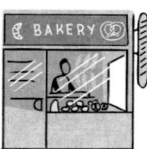

хлебарница

bakkerij

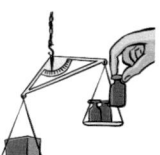

тегля

wegen

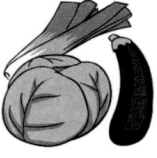

зеленчуци

groenten

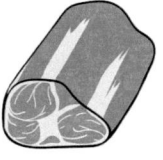

месо

vlees

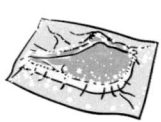

дълбоко замразена храна

diepvriesvoedsel

нарязан колбас или сирене
charcuterie

консерви
conserven

перилен препарат
waspoeder

лакомства
snoep

домакински изделия
huishoudproducten

почистващи препарати
schoonmaakproducten

продавачка
verkoopster

каса
kassa

касиер
kassier

списък на покупките
boodschappenlijstje

работно време
openingstijden

портфейл
portefeuille

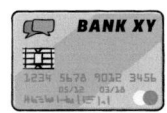

кредитна карта
kredietkaart

чанта
tas

пластмасова торба
plastieken zakje

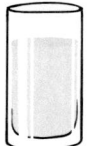

вода

water

сок

sap

мляко

melk

кола

cola

вино

wijn

бира

bier

алкохол

alcohol

какао

cacao

чай

thee

кафе машина

koffie

еспресо

espresso

капучино

cappuccino

банан

banaan

ябълка

appel

портокал

sinaasappel

пъпеш

meloen

лимон

citroen

морков

wortel

чесън

knoflook

бамбук

bamboe

лук

ajuin

гъба

champignon

ядки

noten

макарони

noodles

спагети

spaghetti

ориз

rijst

салата

salade

пържени картофи

frieten

печени картофи

gebakken aardappelen

пица

pizza

хамбургер

hamburger

сандвич

sandwich

шницел

kalfslapje

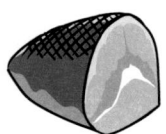

шунка

ham

траен колбас

salami

салам

worst

пиле

kip

печено

braden

риба

vis

овесени ядки

havervlokken

мюсли

muesli

корнфлейкс

cornflakes

брашно

bloem

кроасан

croissant

хлебчета

pistolet

хляб

brood

препечена филийка

toast

бисквити

koekjes

масло

boter

извара

kwark

сладкиш

taart

яйце

ei

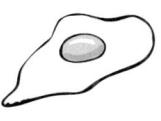

яйца на очи

spiegelei

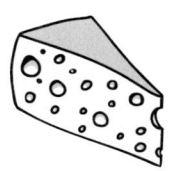

сирене

kaas

сладолед

ijs

захар

suiker

мед

honing

мармалад

confituur

нуга крем

choco

къри

curry

селски двор
boerderij

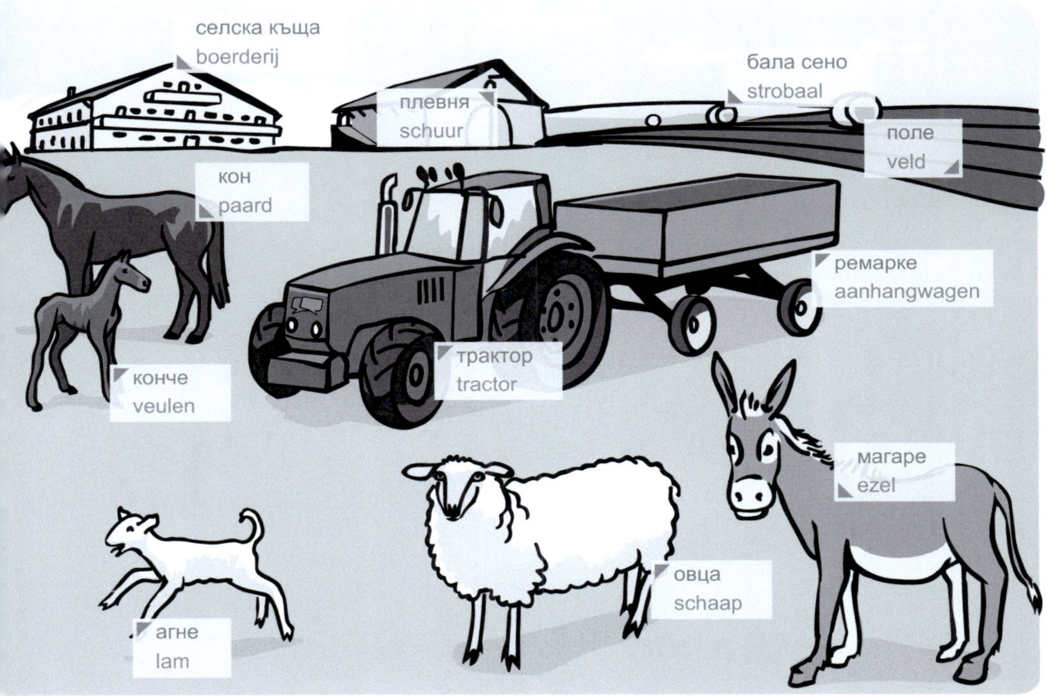
селска къща
boerderij
плевня
schuur
бала сено
strobaal
поле
veld
кон
paard
ремарке
aanhangwagen
трактор
tractor
конче
veulen
магаре
ezel
овца
schaap
агне
lam

коза

geit

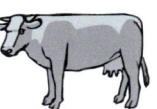

крава

koe

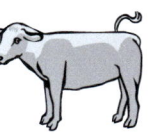

теле

kalf

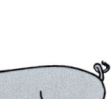

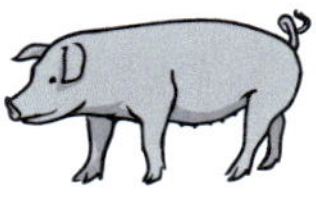

свиня

varken

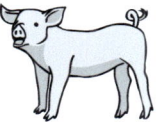

прасенце

biggetje

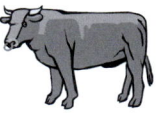

бик

stier

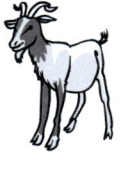

гъска

gans

патица

eend

пиленце

kuiken

кокошка

kip

петел

haan

плъх

rat

котка

kat

мишка

muis

вол

os

куче

hond

кучешка колиба

hondenhok

градински маркуч

tuinslang

лейка

gieter

коса

zeis

плуг

ploeg

сърп

sikkel

мотика

schoffel

вила за тор

hooivork

брадва

bijl

ръчна количка

kruiwagen

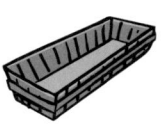

корито

trog

съд за мляко

melkkan

чувал

zak

ограда

hek

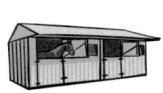

обор

stal

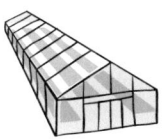

парник

broeikas

земя

bodem

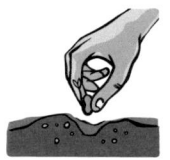

сеитба

zaad

тор

mest

комбайн

maaidorser

жъна

oogsten

реколта

oogst

ямс

yam

жито

tarwe

соя

soja

картоф

aardappel

царевица

maïs

рапица

koolzaad

овощно дърво

fruitboom

маниока

maniok

зърнени храни

graan

къща

huis

комин
schoorsteen
покрив
dak
улук
regenpijp
прозорец
raam
звънец
deurbel
гараж
garage
врата
deur
кофа за боклук
vuilnisbak
пощенска кутия
brievenbus
градина
tuin

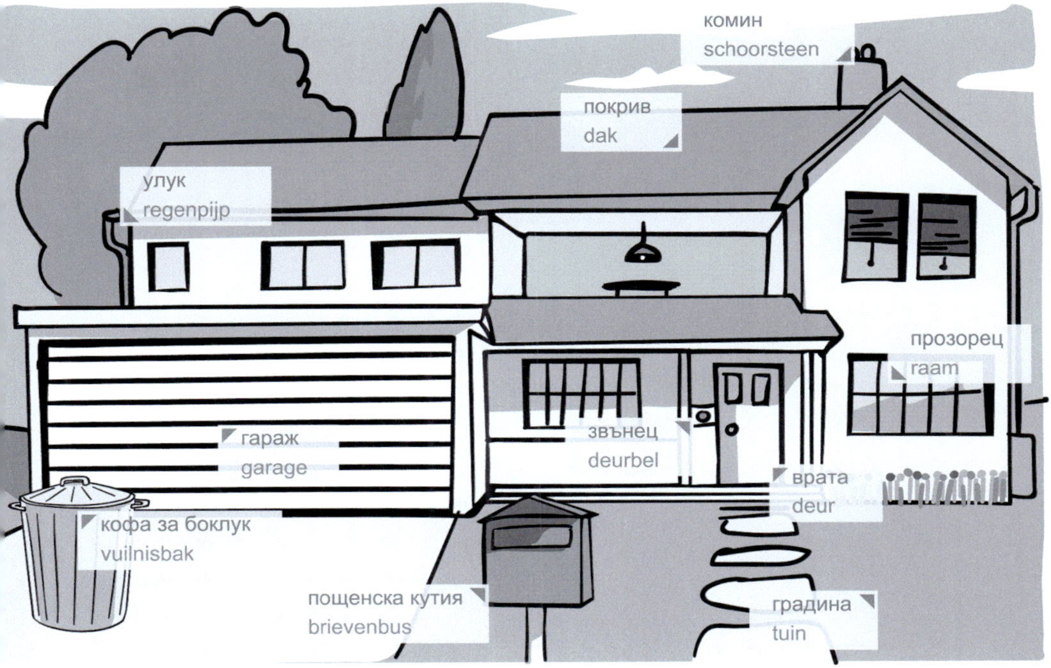

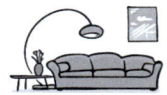

всекидневна

woonkamer

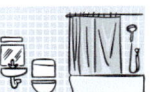

баня

badkamer

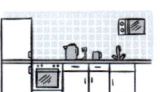

кухня

keuken

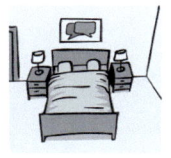

спалня

slaapkamer

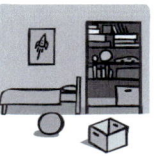

детска стая

kinderkamer

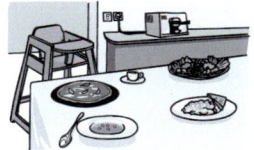

трапезария

eetkamer

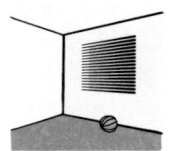

под
vloer

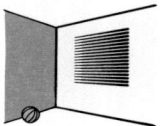

стена
muur

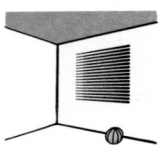

таван
plafond

изба
kelder

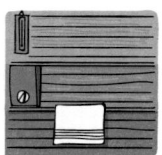

сауна
sauna

балкон
balkon

тераса
terras

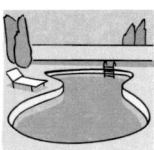

плувен басейн
zwembad

косачка
grasmaaier

спално бельо
dekbedovertrek

покривка за легло
dekbed

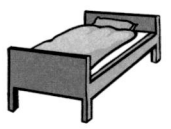

легло
bed

метла
bezem

кофа
emmer

електрически ключ
schakelaar

всекидневна
woonkamer

тапет
behangpapier
картина
foto
лампа
lamp
рафт
schap
шкаф
kast
телевизор
televisie
камина
open haard
цвете
bloem
възглавница
kussen
канапе
sofa
ваза
vaas
дистанционно управление
afstandsbediening

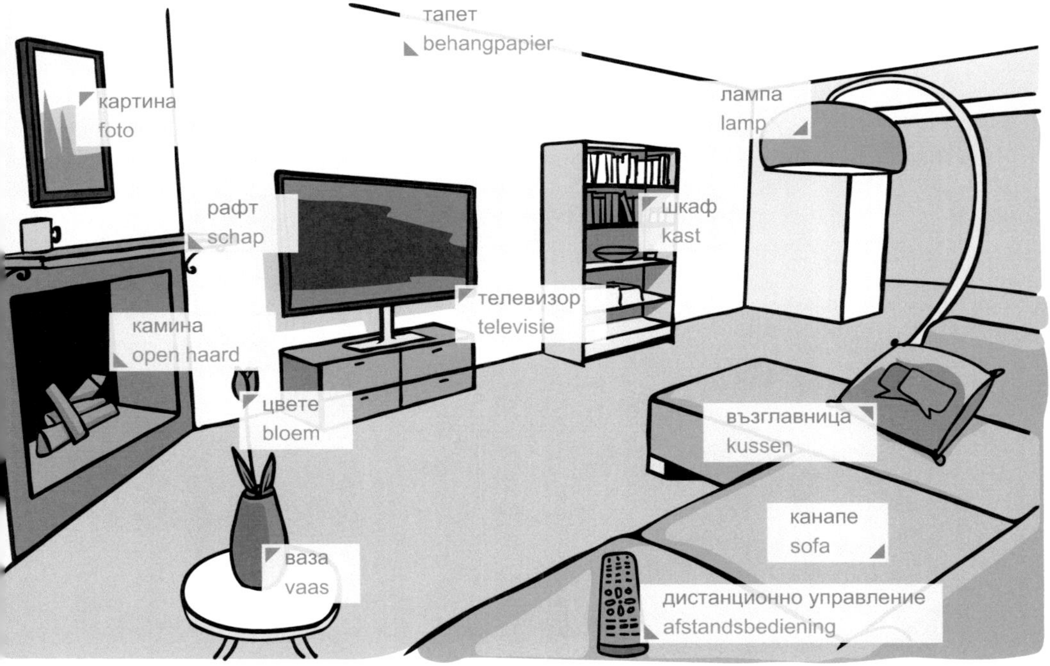

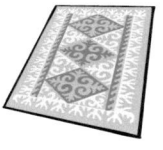

килим

mat

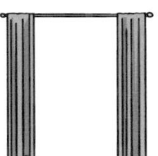

завеса

gordijn

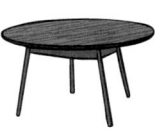

маса

tafel

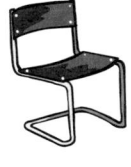

стол

stoel

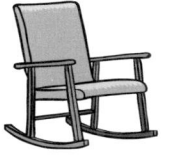

люлеещ се стол

schommelstoel

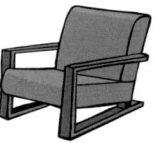

кресло

fauteuil

книга

boek

одеяло

deken

декорация

decoratie

дърва за отопление

brandhout

филм

film

стерео уредба

stereo-installatie

ключ

sleutel

вестник

krant

живопис

schilderij

постер

poster

радио

radio

бележник

notitieboekje

прахосмукачка

stofzuiger

кактус

cactus

свещ

kaars

кухня
keuken

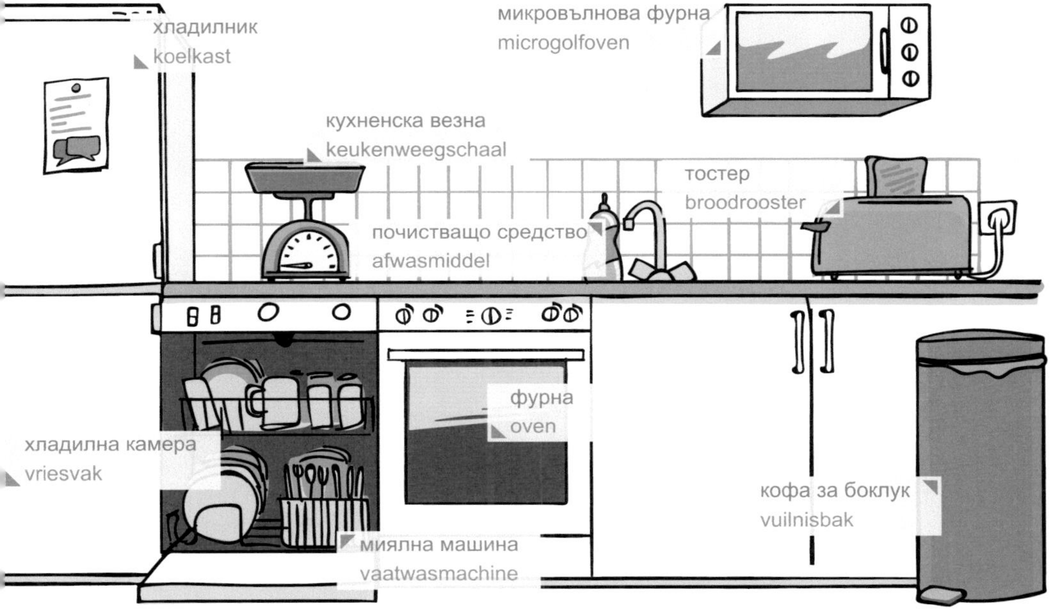
хладилник
koelkast
микровълнова фурна
microgolfoven
кухненска везна
keukenweegschaal
тостер
broodrooster
почистващо средство
afwasmiddel
фурна
oven
хладилна камера
vriesvak
кофа за боклук
vuilnisbak
миялна машина
vaatwasmachine

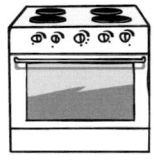

готварска печка

fornuis

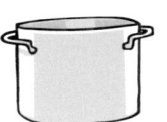

тенджера

pot

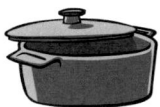

желязна тенджера

gietijzeren pot

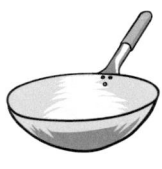

уок / кадаи

wok / kadai

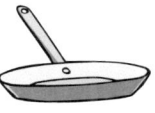

тиган

pan

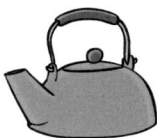

кана за затопляне на вода

waterkoker

уред за готвене на пара

stoomkoker

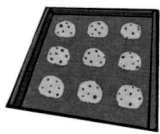

тава за печене

bakplaat

съдове

servies

чаша

mok

купа

kom

клечки за хранене

eetstokjes

черпак

pollepel

лопатка за тиган

spatel

тел за разбиване (на яйца, белтъци)

garde

кошница за варене

vergiet

гевгир

zeef

ренде

rasp

хаван

mortier

барбекю

barbecue

огнище

haardvuur

дъска

snijplank

точилка

deegrol

тирбушон

kurkentrekker

кутия

blik

отварачка за консерви

blikopener

кухненска ръкохватка

pannenlap

мивка

gootsteen

четка

borstel

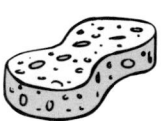

гъба

spons

миксер

blender

фризер

vriezer

бебешко шише

papfles

воден кран

kraan

баня
badkamer

отопление
verwarming
хавлиена кърпа
handdoek
душ
douche
завеса за баня
douchegordijn
шампоан за вана
bubbelbad
вана
badkuip
стъклена чаша
glas
перална машина
wasmachine
воден кран
kraan
плочки
tegels
гърне
kinderpo
мивка
gootsteen

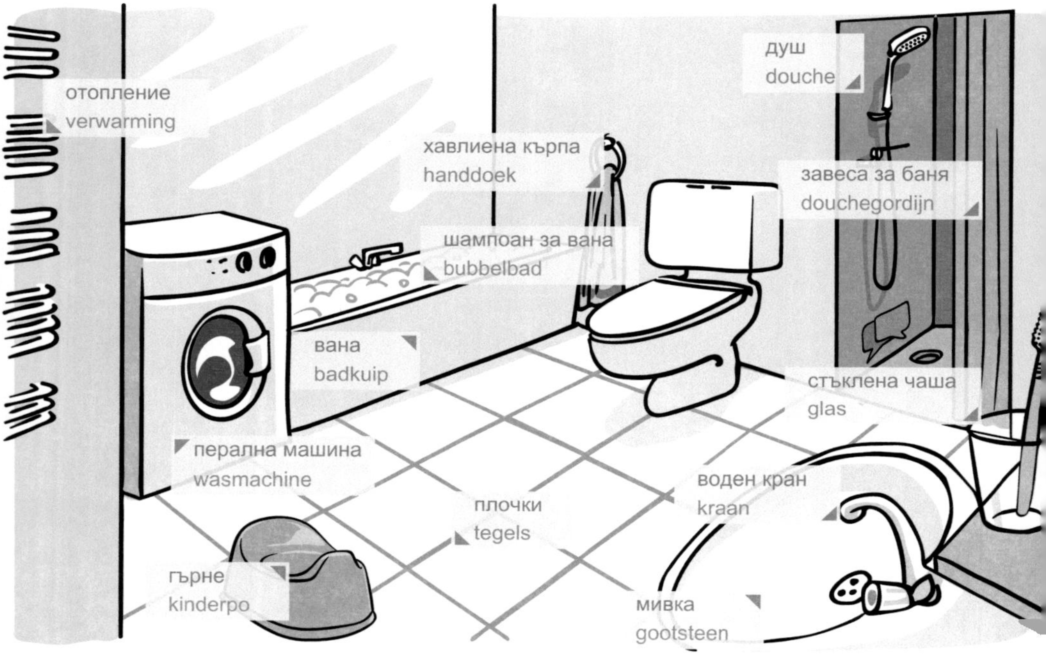

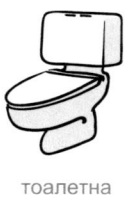

тоалетна
toilet

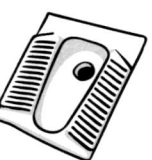

клекало
hurktoilet

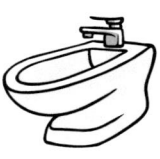

биде
bidet

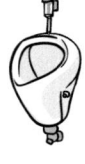

писоар
urinoir

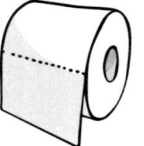

тоалетна хартия
toiletpapier

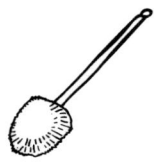

четка за тоалетна
toiletborstel

четка за зъби

tandenborstel

паста за зъби

tandpasta

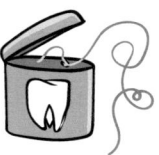

конец за зъби

flosdraad

мия

wassen

ръчен душ

handdouche

интимен душ

bidethanddouche

леген

waskom

четка за гръб

rugborstel

сапун

zeep

душ гел

douchegel

шампоан за вана

shampoo

гъба за баня

washandje

сифон

afvoer

крем

crème

дезодорант

deodorant

огледало

spiegel

козметично огледало

handspiegel

ръчна самобръсначка

scheermes

пяна за бръснене

scheerschuim

одеколон за след бръснене

aftershave

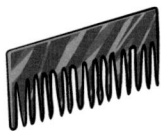

гребен

kam

четка

borstel

сешоар

haardroger

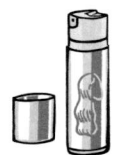

спрей за коса

haarlak

грим

make-up

червило

lippenstift

лак за нокти

nagellak

памук

watten

ножица за нокти

nagelknipper

парфюм

parfum

тоалетна чантичка

toilettas

табуретка

kruk

везна

weegschaal

хавлия

badjas

домакински ръкавици

latex handschoenen

тампон

tampon

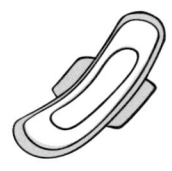

дамски превръзки

maandverband

химическа тоалетна

chemisch toilet

детска стая
kinderkamer

будилник
wekker
плюшена играчка
knuffel
автомобил играчка
speelgoedauto
дрънкалка
rammelaar
къща за кукли
poppenhuis
подарък
geschenk

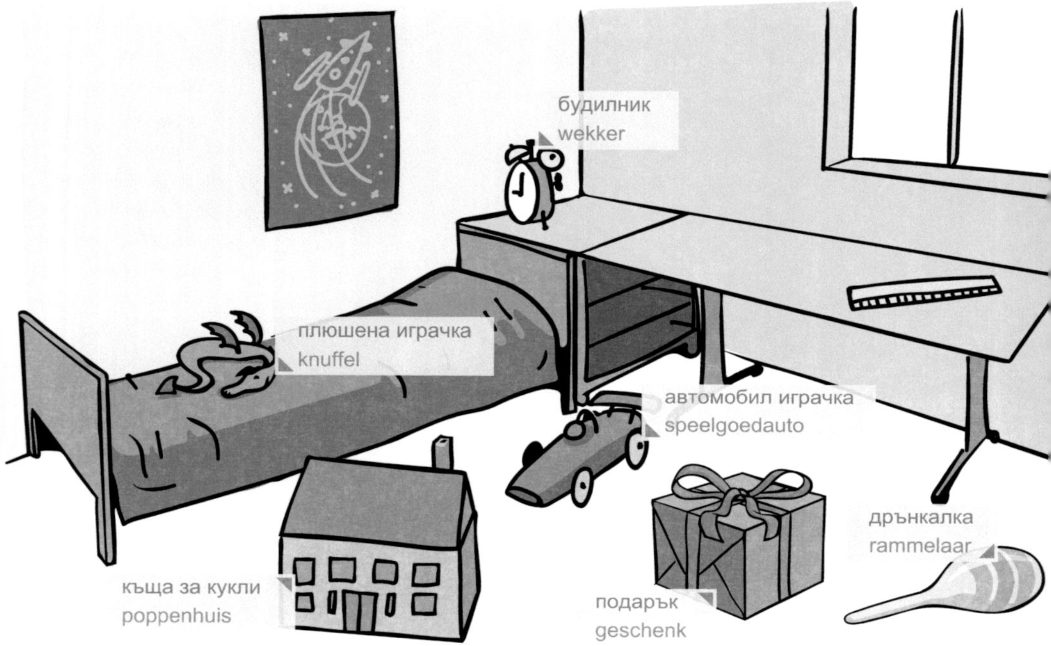

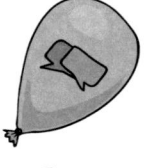

балон

ballon

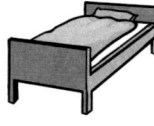

легло

bed

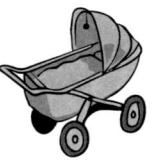

детска количка

kinderwagen

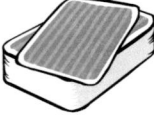

игра на карти

spel kaarten

пъзел

puzzel

SUPER
MEGA

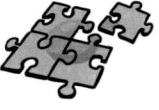

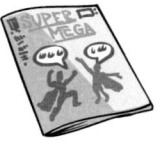

комикс

stripboek

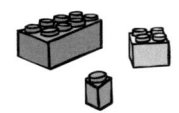

лего елементи

legoblokjes

строителни елементи

blokken

екшън фигурка

actiefiguur

бебешки гащеризон

kruippakje

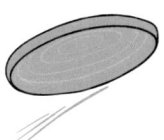

фрисби

frisbee

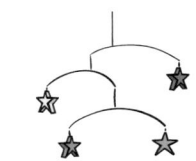

бебешки играчки за легло

mobiel

настолна игра

bordspel

зарче

dobbelsteen

миниатюрно влакче

modelspoorweg

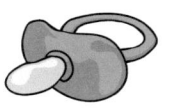

биберон

fopspeen

парти

feest

детска книга с илюстрации

prentenboek

топка

bal

кукла

pop

играя

spelen

пясъчник

zandbak

люлка

schommel

играчка

speelgoed

игрова конзола

spelconsole

велосипед с три колелета

driewieler

плюшено мече

knuffelbeer

гардероб

kleerkast

облекло
kleding

къси чорапи

sokken

дълги чорапи

kousen

чорапогащник

maillot

шал
sjaal

колан
riem

чадър
paraplu

Т-шърт
T-shirt

гуменки
sneakers

ботуши
laarzen

пантофи
slippers

сандали
sandalen

обувки
schoenen

гумени ботуши
rubberlaarzen

слип
onderbroek

сутиен
beha

долна блуза
onderhemd

облекло - kleding

45

боди

lichaam

панталон

broek

дънки

jeans

пола

rok

блуза

blouse

риза

hemd

пуловер

trui

суичър

capuchontrui

блейзър

blazer

яке

jas

палто

jas

дъждобран

regenjas

костюм

kostuum

рокля

jurk

булчинска рокля

trouwjurk

костюм

pak

нощница

nachthemd

пижама

pyjama

сари

sari

кърпа за глава

hoofddoek

тюрбан

tulband

бурка

boerka

кафтан

kaftan

абая

abaya

бански костюм

badpak

плувни шорти

zwembroek

къс панталон

short

анцуг

trainingspak

престилка

schort

ръкавици

handschoenen

копче

knoop

очила

bril

гривна

armband

верижка

ketting

пръстен

ring

обеца

oorbel

каскет

pet

закачалка

kapstok

шапка

hoed

вратовръзка

das

цип

rits

каска

helm

тиранти

bretellen

ученическа униформа

schooluniform

униформа

uniform

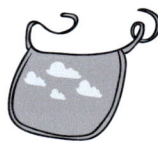

лигавник

slabbetje

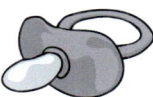

биберон

fopspeen

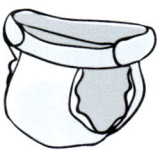

пелена

luier

офис

kantoor

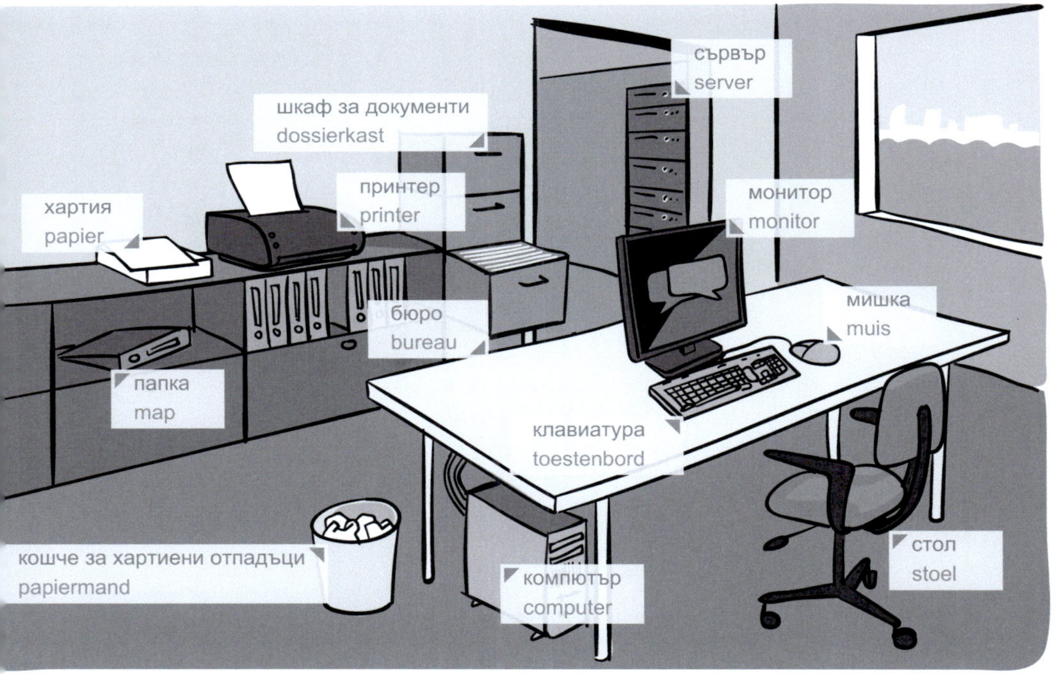

сървър
server
шкаф за документи
dossierkast
принтер
printer
хартия
papier
монитор
monitor
бюро
bureau
мишка
muis
папка
map
клавиатура
toestenbord
кошче за хартиени отпадъци
papiermand
компютър
computer
стол
stoel

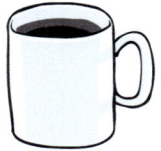

чаша за кафе

koffiemok

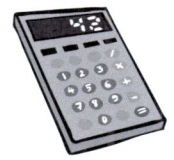

джобен калкулатор

rekenmachine

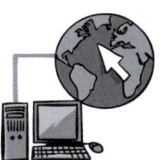

интернет

internet

лаптоп
laptop

писмо
brief

съобщение
bericht

мобилен телефон
gsm

мрежа
netwerk

ксерокс
kopieerapparaat

софтуер
software

телефон
telefoon

контакт
stopcontact

факс
fax

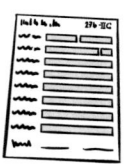

формуляр
formulier

документ
document

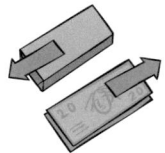

купувам

kopen

плащам

betalen

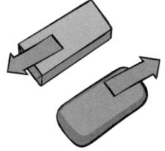

търгувам

handelen

пари

geld

долар

dollar

евро

euro

йена

yen

рубла

roebel

швейцарски франк

Zwitserse frank

ренминби юан

Chinese renminbi

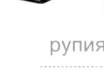

рупия

roepie

банкомат

geldautomaat

обменно бюро

wisselkantoor

злато

goud

сребро

zilver

нефт

olie

енергия

energie

цена

prijs

договор

contract

данък

belasting

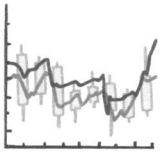

акция

aandeel

работя

werken

служител

werknemer

работодател

werkgever

фабрика

fabriek

магазин за цветя

winkel

професии

beroepen

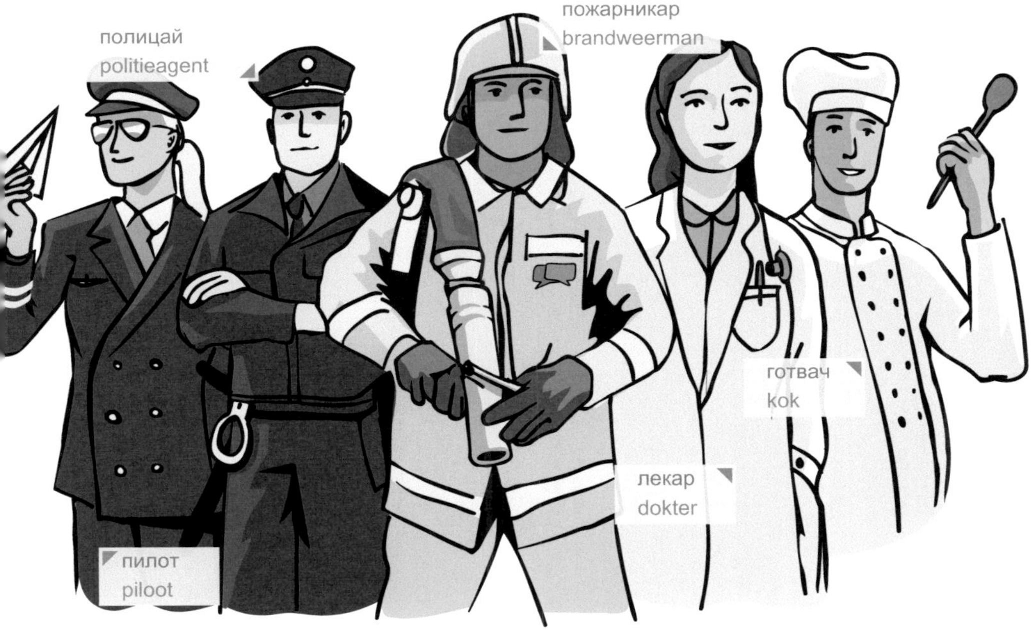
полицай
politieagent
пожарникар
brandweerman
готвач
kok
лекар
dokter
пилот
piloot

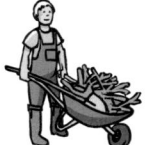

градинар

tuinman

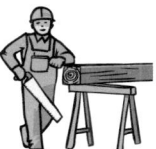

мебелист

timmerman

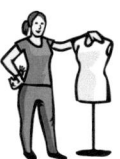

шивачка

naaister

съдия

rechter

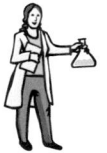

химик

chemicus

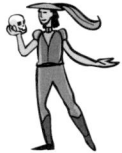

артист

acteur

шофьор на автобус

buschauffeur

шофьор на такси

taxichauffeur

рибар

visser

чистачка

schoonmaakster

майстор на покриви

dakdekker

келнер

ober

ловец

jager

художник

schilder

хлебар

bakker

електротехник

elektricien

строителен работник

bouwvakker

инженер

ingenieur

касапин

slager

тенекеджия

loodgieter

пощальон

postbode

войник

soldaat

архитект

architect

касиер

kassier

цветар

bloemist

фризьор

kapper

кондуктор

conducteur

механик

mecanicien

капитан

kapitein

зъболекар

tandarts

научен работник

wetenschapper

равин

rabbijn

имàм

imam

монах

monnik

свещеник

geestelijke

инструменти
werktuigen

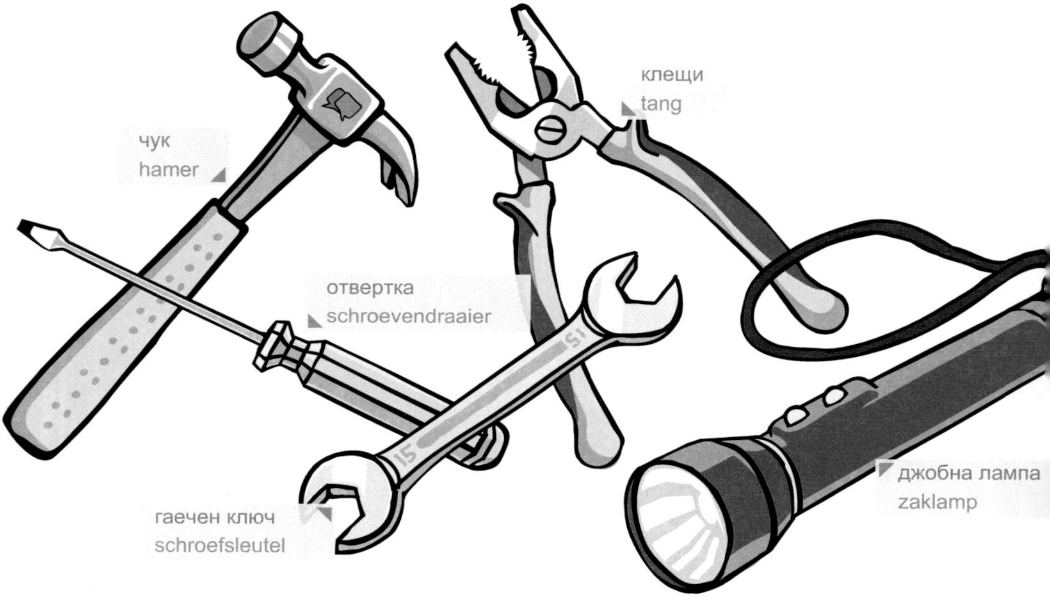
чук
hamer
клещи
tang
отвертка
schroevendraaier
гаечен ключ
schroefsleutel
джобна лампа
zaklamp

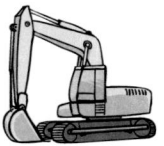

багер

graafmachine

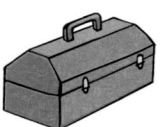

кутия за инструменти

gereedschapskoffer

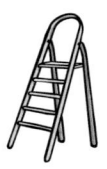

стълба

ladder

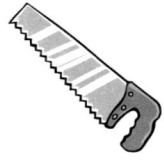

трион

zaag

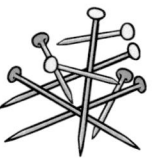

пирони

spijkers

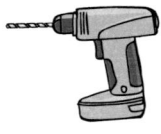

бормашина

boormachine

ремонтирам

repareren

лопата

schop

По дяволите!

Verdomme!

лопатка за смет

blik

кутия за боя

verfpot

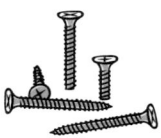

болтове

schroeven

музикални инструменти
muziekinstrumenten

висококоговорител
luidspreker

ударни инструменти
drumstel

китара
gitaar

контрабас
contrabas

тромпет
trompet

пиано

piano

виолина

viool

контрабас

basgitaar

тимпан

pauk

барабан

trommels

електрическо пиано

keyboard

саксофон

saxofoon

флейта

fluit

микрофон

microfoon

зоологическа градина

zoo

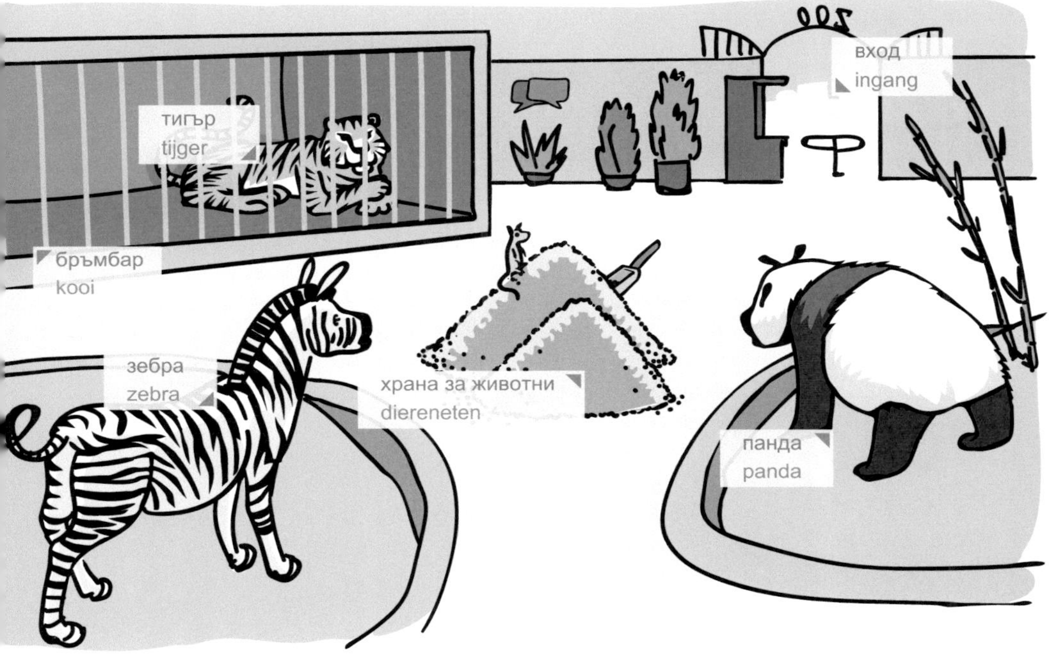

вход
ingang
тигър
tijger
бръмбар
kooi
зебра
zebra
храна за животни
diereneten
панда
panda

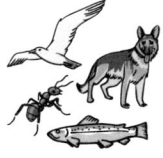

животни

dieren

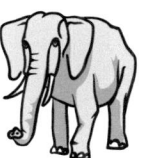

слон

olifant

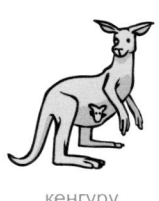

кенгуру

kangoeroe

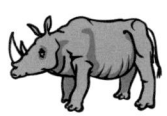

носорог

neushoorn

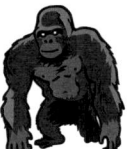

горила

gorilla

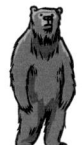

мечка

beer

камила

kameel

щраус

struisvogel

лъв

leeuw

маймуна

aap

фламинго

flamingo

папагал

papegaai

бяла мечка

ijsbeer

пингвин

pinguïn

акула

haai

паун

pauw

змия

slang

крокодил

krokodil

пазач в зоологическа
градина

dierenverzorger

тюлен

zeehond

ягуар

jaguar

пони
pony

леопард
luipaard

хипопотам
nijlpaard

жираф
giraffe

орел
adelaar

диво прасе
wild zwijn

риба
vis

костенурка
zeeschildpad

морж
walrus

лисица
vos

газела
gazelle

американски футбол
rugby

колоездене
wielrennen

тенис
tennis

баскетбол
basketbal

плуване
zwemmen

бокс
boksen

хокей на лед
ijshockey

футбол
voetbal

бадминтон
badminton

лека атлетика
atletiek

хандбал
handbal

ски бягане
skiën

поло
polo

скачам
springen

смея се
lachen

прегръщам
knuffelen

вървя
wandelen

пея
zingen

сънувам
dromen

моля се
bidden

целувам
kussen

пиша

schrijven

рисувам

tekenen

показвам

tonen

бутам

duwen

давам

geven

взимам

nemen

имам

hebben

правя

doen

съм

zijn

стоя

staan

тичам

lopen

дърпам

trekken

хвърлям

gooien

падам

vallen

лежа

liggen

чакам

wachten

нося

dragen

седя

zitten

обличам

aankleden

спя

slapen

събуждам се

ontwaken

разглеждам

kijken naar

плача

wenen

милвам

aaien

реша се

kammen

говоря

praten

разбирам

begrijpen

питам

vragen

слушам

luisteren

пия

drinken

ям

eten

разтребвам

opruimen

обичам

houden van

готвя

koken

карам автомобил

rijden

летя

vliegen

плавам (с платна)

zeilen

смятане

rekenen

чета

Lezen

уча

leren

работя

werken

женя се

trouwen

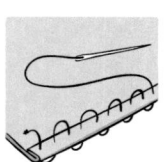

шия

naaien

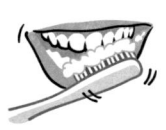

измивам си зъбите

tandenpoetsen

убивам

doden

пуша

roken

изпращам

sturen

баба
grootmoeder

дядо
grootvader

баща
vader

майка
moeder

бебе
baby

дъщеря
dochter

син
zoon

посетител

gast

леля

tante

чичо

oom

брат

broer

сестра

zus

тяло

lichaam

чело
voorhoofd
око
oog
рамо
schouder
пръст
vinger
лице
gezicht
брадичка
kin
ръка
hand
крак
been
гърди
borst
ръка
arm

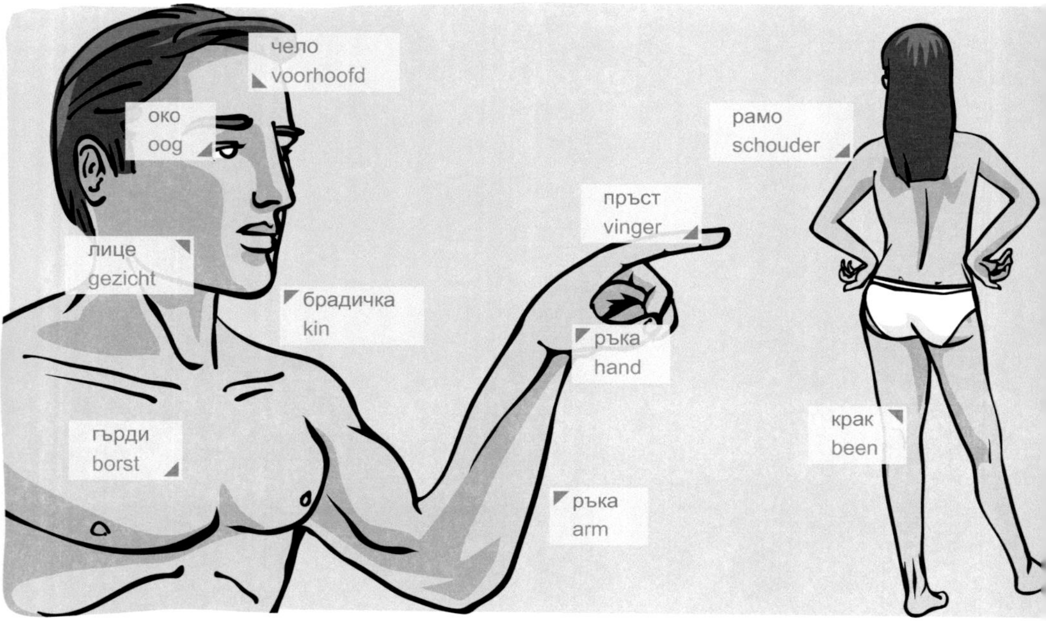

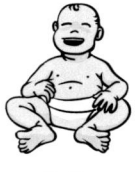

бебе

baby

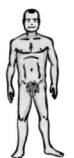

мъж

man

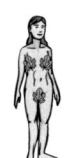

жена

vrouw

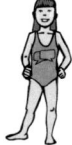

момиче

meisje

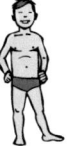

момче

jongen

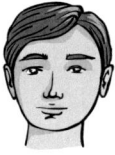

глава

hoofd

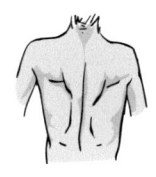

гръб

rug

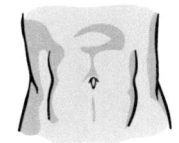

корем

buik

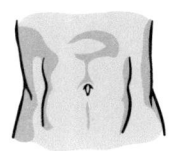

пъп

navel

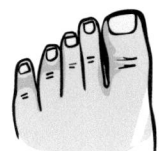

пръст на крака

teen

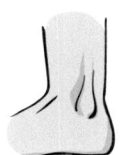

пета

hiel

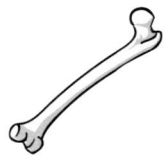

кост

bot

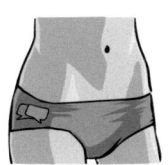

хълбок

heup

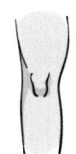

коляно

knie

лакът

elleboog

нос

neus

седалище

zitvlak

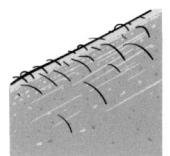

кожа

huid

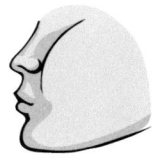

буза

wang

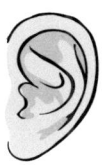

ухо

oor

устна

lip

тяло - lichaam

уста

mond

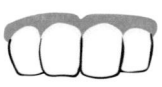

зъб

tand

език

tong

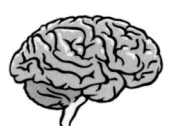

мозък

hersenen

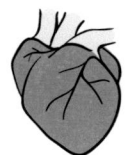

сърце

hart

мускул

spier

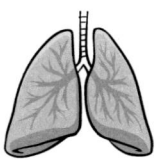

бял дроб

long

черен дроб

lever

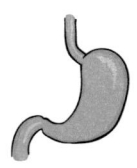

стомах

maag

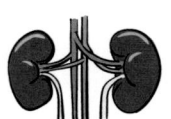

бъбреци

nieren

полово сношение

seks

кондом

condoom

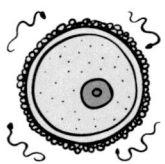

яйцеклетка

eicel

сперма

sperma

бременност

zwangerschap

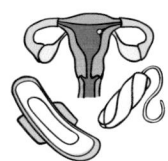

менструация

menstruatie

вагина

vagina

пенис

penis

вежда

wenkbrauw

коса

haar

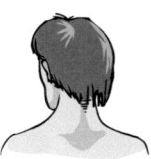

шия

nek

болница

ziekenhuis

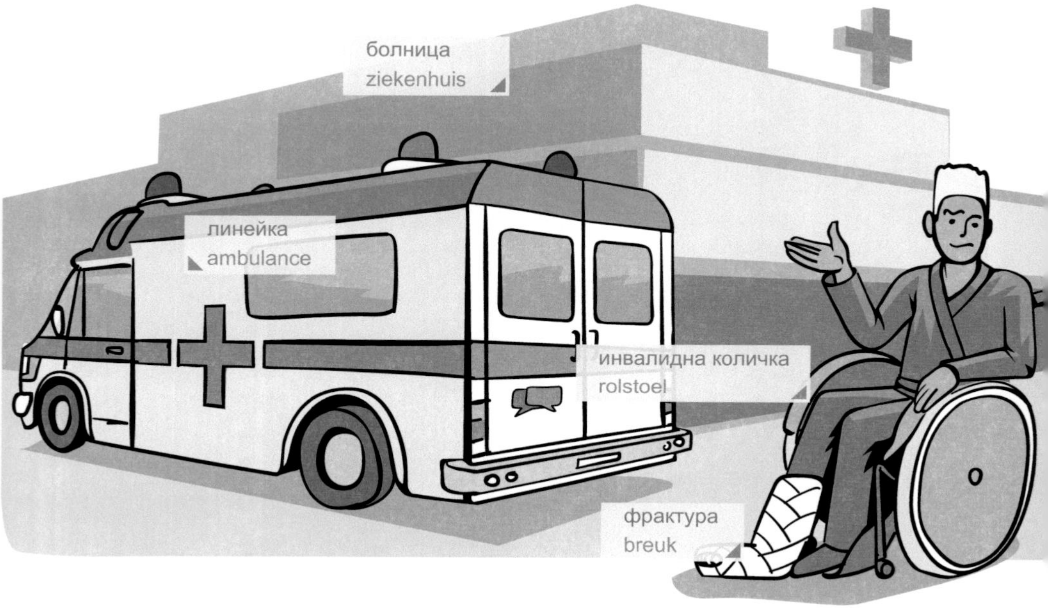

болница
ziekenhuis
линейка
ambulance
инвалидна количка
rolstoel
фрактура
breuk

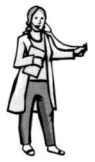

лекар

dokter

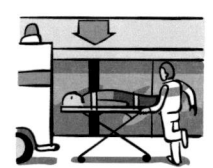

спешна хоспитализация

spoed

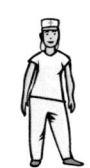

медицинска сестра

verpleegkundige

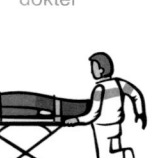

спешен случай

noodgeval

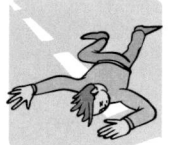

в безсъзнание

bewusteloos

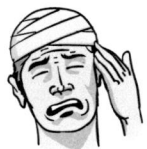

болка

pijn

нараняване

verwonding

кървене

bloeding

инфаркт

hartaanval

инсулт

beroerte

алергия

allergie

кашлица

hoest

температура

koorts

грип

griep

диария

diarree

главоболие

hoofdpijn

рак

kanker

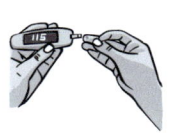

диабет

diabetes

хирург

chirurg

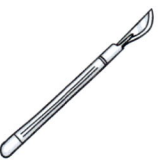

скалпел

scalpel

операция

operatie

болница - ziekenhuis

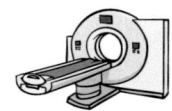

компютърна томография

CT

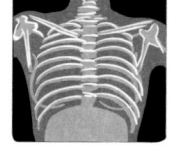

рентген

röntgenstraal

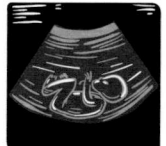

ултразвук

ultrageluid

маска

gezichtsmasker

болест

ziekte

чакалня

wachtkamer

патерица

kruk

пластир

pleister

превръзка

verband

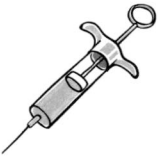

инжекция

injectie

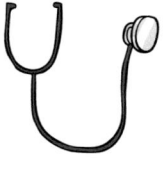

стетоскоп

stethoscoop

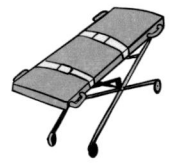

носилка

brancard

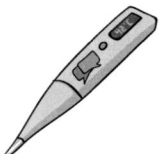

термометър

thermometer

раждане

geboorte

наднормено тегло

overgewicht

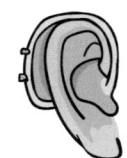

слухов апарат

hoorapparaat

дезинфекционно средство

ontsmettingsmiddel

инфекция

infectie

вирус

virus

HIV / AIDS

HIV / AIDS

медицина

medicijn

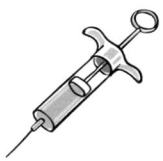

ваксинация

vaccinatie

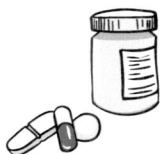

таблети

tabletten

противозачатъчна
таблетка
pil

спешно телефонно
обаждане
noodoproep

апарат за измерване на
кръвното налягане

bloeddrukmeter

болен / здрав

ziek / gezond

Помощ!

Help!

нападение

overval

сигнал за тревога

alarm

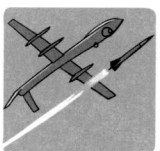

атака

aanval

опасност

gevaar

авариен изход

nooduitgang

Пожар!

Brand!

пожарогасител

brandblusser

злополука

ongeval

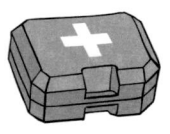

комплект за оказване на
първа помощ

EHBO-kit

SOS

SOS

полиция

politie

Европа

Europa

Северна Америка

Noord-Amerika

Южна Америка

Zuid-Amerika

Африка

Afrika

Азия

Azië

Австралия

Australië

Атлантически океан

Atlantische Oceaan

Тихи океан

Stille Oceaan

Индийски океан

Indische Oceaan

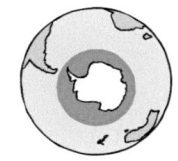

Южен ледовит океан

Antarctische Oceaan

Северен ледовит океан

Arctische Oceaan

Северен полюс

Noordpool

Южен полюс

Zuidpool

Антарктида

Antarctica

Земя

aarde

суша

land

море

zee

остров

eiland

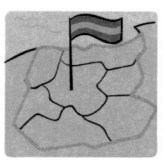

нация

natie

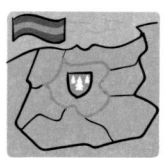

държава

staat

циферблат

wijzerplaat

стрелка на часовете

uurwijzer

стрелка на минутите

minuutwijzer

стрелка на секундите

secondewijzer

Колко е часът?

Hoe laat is het?

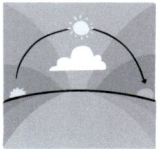

ден

dag

време

tijd

сега

nu

дигитален часовник

digitale horloge

минута

minuut

час

uur

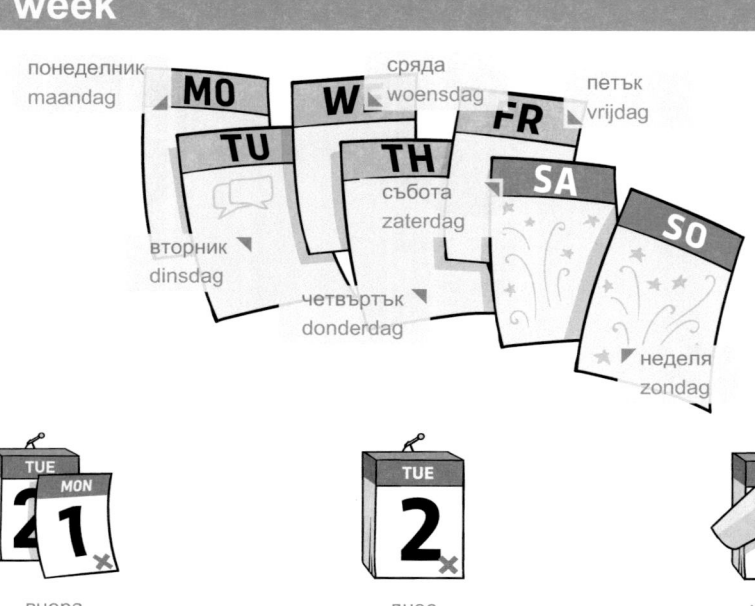

вчера

gisteren

днес

vandaag

утре

morgen

сутрин

ochtend

обед

middag

вечер

avond

MO	TU	WE	TH	FR	SA	SU
1	2	3	4	5	6	7
8	9	10	11	12	13	14
15	16	17	18	19	20	21
22	23	24	25	26	27	28
29	30	31	1	2	3	4

работни дни

werkdagen

MO	TU	WE	TH	FR	SA	SU
1	2	3	4	5	6	7
8	9	10	11	12	13	14
15	16	17	18	19	20	21
22	23	24	25	26	27	28
29	30	31	1	2	3	4

уикенд

weekend

дъжд
regen

дъга
regenboog

сняг
sneeuw

вятър
wind

пролет
lente

есен
herfst

лято
zomer

зима
winter

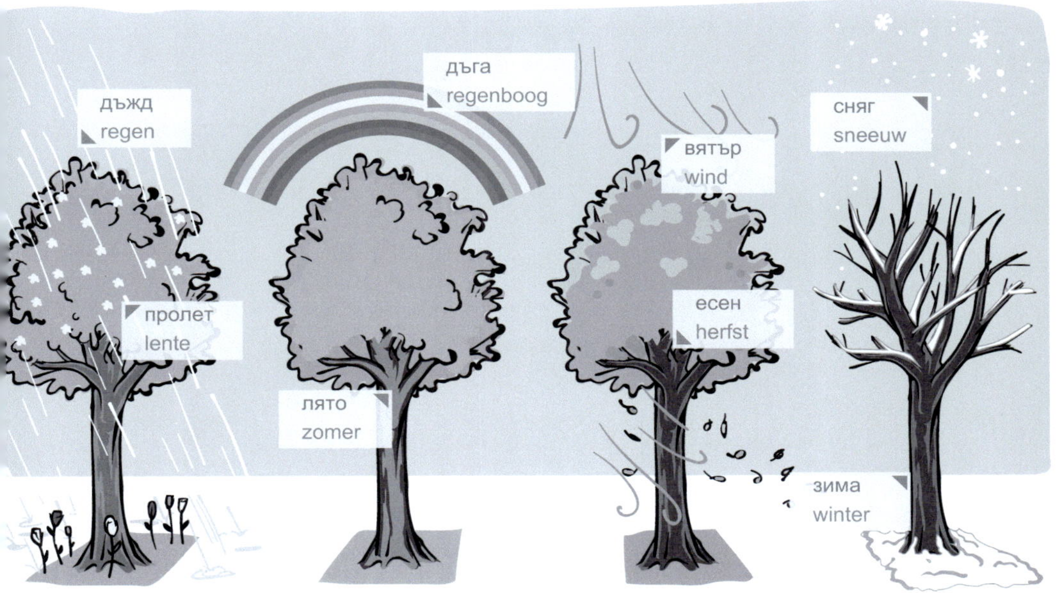

прогноза за времето

weervoorspelling

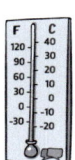

термометър

thermometer

слънчева светлина

zonneschijn

облак

wolk

мъгла

mist

влажност на въздуха

vochtigheid

светкавица

bliksem

гръмотевица

donder

буря

storm

градушка

hagel

мусон

moesson

наводнение

overstroming

лед

ijs

януари

januari

февруари

februari

март

maart

април

april

май

mei

юни

juni

юли

juli

август

augustus

година - jaar

септември

september

октомври

oktober

ноември

november

декември

december

форми
vormen

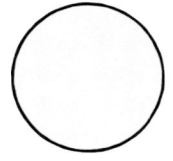

кръг

cirkel

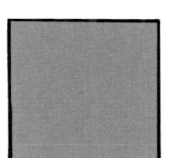

квадрат

kwadraat

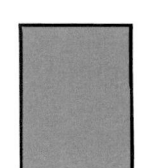

четириъгълник

rechthoek

триъгълник

driehoek

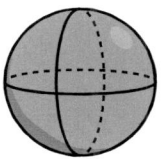

сфера

bol

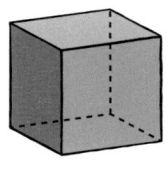

куб

kubus

цветове
kleuren

бял

wit

жълт

geel

оранжев

oranje

розов

roze

червен

rood

лилав

paars

син

blauw

зелен

groen

кафяв

bruin

сив

grijs

черен

zwart

много / малко

veel / weinig

ядосан / спокоен

boos / kalm

красив / грозен

mooi / lelijk

начало / край

begin / einde

голям / малък

groot / klein

светъл / тъмен

licht / donker

брат / сестра

broer / zus

чист / мръсен

proper / vuil

пълен / непълен

volledig / onvolledig

ден / нощ

dag / nacht

мъртъв / жив

dood / levend

широк / тесен

breed / smal

ядлив / неядлив

eetbaar / oneetbaar

сърдит / любезен

kwaadaardig / vriendelijk

развълнуван / скучаещ

opgewonden / verveeld

дебел / тънък

dik / dun

най-напред / най-накрая

eerst / laatst

приятел / враг

vriend / vijand

пълен / празен

vol / leeg

твърд / мек

hard / zacht

тежък / лек

zwaar / licht

глад / жажда

honger / dorst

болен / здрав

ziek / gezond

нелегален / легален

illegaal / legaal

интелигентен / глупав

intelligent / dom

ляво / дясно

links / rechts

близо / далече

dichtbij / veraf

нов / употребяван

nieuw / gebruikt

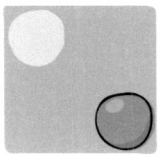

нищо / нещо

niets / iets

стар / млад

oud / jong

вкл. / изкл.

aan / uit

отворен / затворен

open / dicht

тих / силен (звук)

stil / luid

богат / беден

rijk / arm

правилен / погрешен

juist / fout

грапав / гладък

ruw / glad

тъжен / щастлив

droevig / blij

дълъг / къс

kort / lang

бавен / бърз

traag / snel

мокър / сух

nat / droog

топъл / студен

warm / koud

война / мир

oorlog / vrede

0

нула

nul

1

едно

één

2

две

twee

3

три

drie

4

четири

vier

5

пет

vijf

6

шест

zes

7

седем

zeven

8

осем

acht

9

девет

negen

10

десет

tien

11

единадесет

elf

12

дванадесет
twaalf

13

тринадесет
dertien

14

четиринадесет
veertien

15

петнадесет
vijftien

16

шестнадесет
zestien

17

седемнадесет
zeventien

18

осемнадесет
achtien

19

деветнадесет
negentien

20

двадесет
twintig

100

сто
honderd

1.000

хиляда
duizend

1.000.000

милион
miljoen

английски

Engels

американски английски

Amerikaans Engels

китайски мандарин

Chinees (Mandarijn)

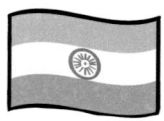

хинди

Hindi

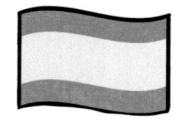

испански

Spaans

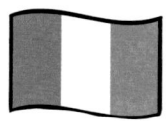

френски

Frans

арабски

Arabisch

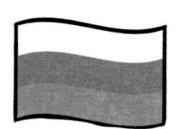

руски

Russisch

португалски

Portugees

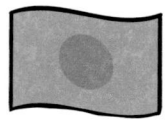

бенгалски

Bengali

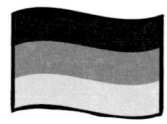

немски

Duits

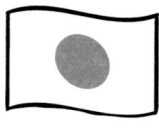

японски

Japans

аз

ik

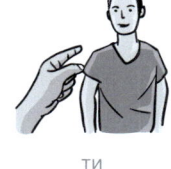

ти

u

той / тя / то

hij / zij / het

ние

wij

вие

u

те

ze

кой?

wie?

какво?

wat?

как?

hoe?

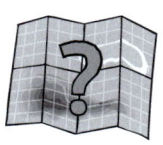

къде?

waar?

кога?

wanneer?

HELLO, I AM

име

naam

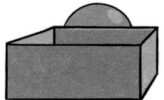

зад

achter

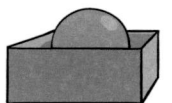

в

in

пред

voor

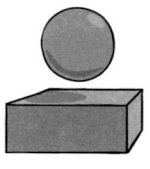

над

boven

върху

op

под

onder

до

naast

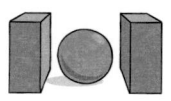

между

tussen

място

plaats